SUSANNE PYPKE

Schönes aus Kork

Schönes aus Kork

Papier und Stoff aus Kork? Das ist neu. Als Verschluss von Flaschen ist Kork allgegenwärtig. Auch von Pinnwänden kennen wir Kork. Und als runder Untersetzer liegt er auf vielen Tischen unter heißen Töpfen und Kannen. Mit diesem stiefmütterlichen Dasein ist nun Schluss!

Kork ist salonfähig geworden. Nach Beton zieht ein weiteres Material in unsere Wohnstuben ein, das eigentlich auf dem Bau zuhause ist. Und es macht dabei eine sehr gute Figur. Dieses Buch zeigt, wie vielseitig, dekorativ und wohnlich Kork sein kann.

Aus Papier, Stoff, Platten, Bändern und Klötzen sind für dieses Buch einzigartige Accessoires entstanden, die das Leben schöner machen. Die klare, zum Teil geometrische Form sprache greift die aktuellen Designtrends auf. Sanfte Farben unterstreichen die Optik des warmen, weichen Naturmaterials. Blattgold lässt die hochwertigen Objekte strahlen. Lassen Sie sich verführen und verleihen Sie Ihrem Alltag mit Kork mehr Pepp und Gemütlichkeit!

Susanne Pypke

Die putzigen Piepmätze haben eine herrliche Silhouette. Sie können aber natürlich auch einen Kirschblütenzweig oder die Skyline ihrer Stadt auf die unten erklärte Weise umsetzen.

Dekoratives Vogelgezwitscher

Bilderduo mit filigranem Korkmotiv

MOTIVGROSSE

21 cm x 15 cm und 15 cm x 10,2 cm

MATERIAL

- 2 MDF-Platten in Natur, 1,6 cm, 21 cm x 15 cm und 15 cm x 10,2 cm
- Korkpapierreste in Natur und Streifen
- 2 Plakataufhänger, ø 4,5 cm
- Acrylfarbe in Rosa und Dunkelbraun
- Patina-Medium
- Blattmetall in Gold
- Anlegemilch
- 2 Pinsel
- weiches Tuch
- Cutter und geeignete Schneideunterlage
- Lochzange
- Sticknadel

VORLAGEN

Bogen 1A

1 Die Untergründe vorbereiten. Dazu die große MDF-Platte mit Acrylfarbe in Rosa bemalen und gut trocknen lassen. Die kleine MDF-Platte mit Anlegemilch bestreichen und mit dem Blattgold belegen (siehe TOPP-Tipps). Ebenfalls gut trocknen lassen.

2 Schneiden Sie nun mithilfe der Vorlage die Motive aus dem Korkpapier zu – den großen Vogel aus dem Papier mit Streifen, die kleinen Vögel aus dem Papier in Natur. Die Augen mit der Lochzange bzw. der Sticknadel einstanzen.

3 Nun die Motive einfärben. Dazu die braune Acrylfarbe im Verhältnis 1:1 mit dem Patina-Medium mischen, auf das Motiv auftragen und nach kurzer Einwirkungszeit wieder abwischen. Die Motive auf den MDF-Platten aufbringen. Die Vorlage hilft Ihnen beim Positionieren.

4 Für die Aufhängung auf der Rückseite jeweils einen Plakataufhänger anbringen. Dazu die gummierte Seite leicht anfeuchten. Vor dem Aufhängen gut trocknen lassen.

Gewickelte Korkschale

mit edlem Gold als Blickfänger

MOTIVGRÖSSE
ø 20 cm

MATERIAL
- Korkplatte, 3 mm, 30 cm x 45 cm
- Korkplatte, 4 mm, 10 cm x 100 cm
- Holzscheibe, 2 cm, ø 2,5 cm
- Blattmetall in Gold
- Anlegemilch
- Schleifpapier, 100er, 180er und 240er Körnung
- Schleifklotz
- Cutter und geeignete Schneideunterlage
- Metalllineal
- Express-Holzleim
- 2 Pinsel
- weiches Tuch
- Klebefilm

1 Die Korkplatten der Länge nach in 2 cm breite Streifen schneiden. Mit den dünnen Streifen beginnen: Eine Seite flächig mit Holzleim bestreichen und um die Holzscheibe wickeln. Kurz antrocknen lassen, dann den nächsten Streifen anbringen.

2 Ab 11 cm Durchmesser die Streifen leicht versetzt anfügen, sodass allmählich eine Wölbung nach oben entsteht. Nach etwa 2 cm mit den 4 mm starken Streifen fortfahren, bis die Schale einen Durchmesser von 20 cm hat. Das Ende mit Klebefilm fixieren. Über Nacht trocknen lassen.

3 Arbeiten Sie die Schale innen und außen mit Schleifpapier nach, sodass eine glatte Oberfläche entsteht. Dabei ist etwas Geduld gefragt. Beim Schleifen der Kante besonders sorgsam sein, damit keine Stücke herausbrechen!

4 Den Schleifstaub gut abklopfen. Innen einen Kreis (ø 14,5 cm) mit Anlegemilch bestreichen und mit Blattgold veredeln (siehe TOPP-Tipps). Gut antrocknen lassen.

Mein Tipp für Sie

Arbeitsschutz Tragen Sie beim Schleifen eine Staubmaske. Sie müssen einiges an Kork abtragen, wodurch sehr viel Staub entsteht.

Untersetzer mit Herz

großer Auftritt für alte Flaschenkorken

MOTIVGRÖSSE
16 cm x 12 cm

MATERIAL
- ca. 20 Weinflaschenkorken
- Sperrholzplatte, 3 mm, 21 cm x 21 cm
- Acrylfarbe in Flieder
- Express-Holzleim
- 2 Pinsel
- scharfes Küchenmesser
- Schneideunterlage
- Schleifpapier, 180er Körnung

VORLAGEN
Bogen 1A

1 Die Sperrholzplatte an den Kanten mit dem Schleifpapier glätten. Anschließend schneiden Sie die Flaschenkorken in 5 mm dicke Scheiben. Sie benötigen ca. 126 Stücke.

2 Die Scheiben Reihe für Reihe auf die Sperrholzplatte kleben. Dabei mit einer halben Reihe beginnen und die Reihen immer versetzt arbeiten (siehe Vorlage). Am Rand die Korken überstehen lassen. Gut durchtrocknen lassen.

3 Die überstehenden Korken vorsichtig mit dem Messer abschneiden, sodass sie bündig mit der Holzplatte sind. Anschließend können Sie die Korken mit Schleifpapier glätten, damit eine feine Oberfläche entsteht.

4 Das Herz mithilfe der Vorlage aufmalen und die Farbe gut trocknen lassen. Nach Wunsch mit Klarlack versiegeln und vor dem ersten Einsatz erneut gut trocknen lassen.

Mein Tipp für Sie

Vielfältig verwendbar Dieses Modell aus Kork isoliert hervorragend und eignet sich daher wunderbar als Untersetzer für heiße Töpfe. Aber auch für dekorative Zwecke oder als Mini-Pinwand ist das kleine Kunstwerk wunderbar.

Geometrische Vasenhüllen

ratzfatz zum angesagten Designobjekt

MOTIVHÖHE
8 cm und 11 cm

MATERIAL
- Korkpapier in Natur und Mosaik, je 20,5 cm x 28 cm
- Cutter und geeignete Schneideunterlage
- leergeschriebener Kugelschreiber
- Metalllineal
- Blattmetall in Gold
- Anlegemilch
- Pinsel
- weiches Tuch
- Gelstift in Gold

VORLAGEN
Bogen 1A

1 Mithilfe der Vorlage das Korkpapier zuschneiden. Dabei seitlich zwischen den Klebelaschen bis zur ersten Raute einschneiden. Anschließend die Faltlinien mit dem leergeschriebenen Kugelschreiber nachziehen. Die Vorlage entfernen.

2 Entfernen Sie an der oberen und unteren Klebelasche der Zuschnitte das Schutzpapier auf der Rückseite des Korkpapiers. Schlagen Sie die Laschen auf die Rückseite um und kleben Sie sie fest.

3 Das Papier falten: die diagonalen Linien nach hinten, die waagerechte Linie nach vorn. Anschließend wie auf der Vorlage angegeben seitlich das Schutzpapier entfernen und die Seitennaht schließen. Die einzelnen Kanten und Flächen ggf. noch etwas in Form bringen.

4 Nach Wunsch die diagonalen Kanten mit Goldstift nachziehen oder die rautenförmigen Flächen mit Blattgold veredeln (siehe TOPP-Tipps). Nach dem Trocknen ein passendes Glas in die Hülle stellen und Blumen in die Vase geben.

Ordnung kann so schön sein

Korkdosen im frischen Retro-Print

MOTIVGRÖSSE
ø 9 cm, ca. 14 cm hoch

MATERIAL

- Korkpapier in Natur und Streifen, je 20,5 cm x 28 cm
- Korkplatte, 3 mm, 2 x 10 cm x 10 cm und Rest
- 2 leere Getränkepulverdosen mit Deckel, ø 9 cm, 13,5 cm hoch
- Blockwallah-Stempel: Orient, 4,5 cm x 4,5 cm
- Blockwallah-Stempel: Ornament, 4 cm x 4 cm
- Acrylfarbe in Türkis und Weiß
- Malschwamm oder feiner Putzschwamm
- Pinsel
- Schere
- Cutter und geeignete Schneideunterlage
- Metalllineal
- UHU Alleskleber

1 Schneiden Sie das Korkpapier so zu, dass es in Höhe und Breite exakt um die Dosen passt. Auf eine weiche Arbeitsfläche legen.

2 Etwas Acrylfarbe mit dem Schwamm aufnehmen und auf den Stempel tupfen. Den Stempel an einer Ecke des Papiers aufbringen, wieder mit Farbe betupfen und direkt daneben aufbringen.

3 Für das Muster in Türkis so fortfahren, bis das gesamte Papier bedruckt ist. Für das Muster in Weiß erst die untere, dann die obere und zuletzt die mittlere Reihe drucken. Gut trocknen lassen, dann die Dosen umkleben.

4 Den Deckel auf die Korkplatte legen und mit einem Bleistift umfahren. Den Kreis ausschneiden und auf den Deckel kleben. Dazu ggf. die Vertiefung im Deckel mit Korkresten auspolstern.

5 Zuletzt die Höhe und den Umfang des Deckels ausmessen und einen entsprechend breiten und langen Streifen aus dem Korkpapier zuschneiden. Den Streifen um den Deckel kleben. Ggf. den Deckel anschließend noch Türkis bemalen und trocknen lassen.

Mein Tipp für Sie

Stempel pflegen Die hochwertigen Holzstempel, die bei diesem Projekt zu Einsatz kommen, lassen sich ganz leicht pflegen. Einfach die Stempel sofort mit klarem Wasser und einer Bürste reinigen, bevor die Farbe antrocknet. Dann werden Sie lange Ihre Freude an ihnen haben.

Hochwertige Anhänger

mit frischem Design

MOTIVGRÖSSE
6 cm x 3,5 cm

MATERIAL
- 3 Kork-Anhänger, 6 cm x 3,5 cm
- Korkpapierrest
- Schmuckkordel in Hellgrau, ø 1 mm, ca. 3 m lang
- Strass-Niete in Anthrazit, ø 7,5 mm
- Acrylfarbe in Schwarz, Weiß und Silber
- 4 Wattestäbchen
- Lochzange
- Sticknadel
- Hammer
- Klebefilm
- Cutter und geeignete Schneideunterlage

VORLAGEN
Bogen 1B

Anhänger mit Punkten

Mit den Wattestäbchen kleine Punkte auf den Anhänger tupfen. Dabei nach Belieben zwischen Grau, Schwarz, Weiß und Silber wechseln. Besonders schön sieht dieses Muster aus, wenn Sie am Rand mit halben Punkten beginnen. Für den Aufhänger eine 20 cm lange Schmuckkordel anbringen.

Anhänger mit Schrift

1 Rings um den Anhänger mit Klebefilm einen 3 mm breiten Rand abkleben und die Fläche dunkelgrau (Schwarz mit etwas Weiß mischen) ausmalen. Gut trocken lassen.

2 Den Schriftzug aus dem Korkpapier ausschneiden und aufkleben. Unten rechts mit der Lochzange ein Loch einstanzen und die Niete anbringen. Für den Aufhänger eine 20 cm lange Schmuckkordel anbringen.

Anhänger mit Herz

Die Vorlage übertragen und die Löcher mit der kleinsten Einstellung der Lochzange ausstanzen. Dann das Herz mit Kreuzstichen aussticken. Fadenanfang und -ende auf der Rückseite vernähen. Für den Aufhänger eine 20 cm lange Schmuckkordel anbringen.

Mhh!

Kleiner Wand(er)vogel

luftig leichte Dekoration

MOTIVGRÖSSE
21 cm x 25 cm

MATERIAL
- Korkplatte, 3 mm, 30 cm x 45 cm
- Acrylfarbe in Türkis
- Cutter und geeignete Schneideunterlage
- Metalllineal
- spitzer, weicher Malpinsel
- Express-Holzleim
- Paket-Klebeband aus Papier in Braun
- ca. 20 Wäscheklammern
- runder Gegenstand, ø 1,5 cm und 2,5 cm, z. B. Lackmalstift und Besenstiel

VORLAGEN
Bogen 1A

1 Die Korkplatte in 2 cm breite Streifen schneiden. Sie benötigen 16 Streifen mit 9 cm Länge und 21 Streifen mit 6 cm Länge.

2 Die Streifen vorsichtig um die runden Gegenstände wickeln und mit einem kurzen Stück Paket-Klebeband zum Kreis schließen.

3 Die Kreise mithilfe der Vorlage anordnen und Stück für Stück mit Holzleim zusammenfügen. Achten Sie darauf, dass die Nahtstelle mit dem Klebeband dabei möglichst innen liegt und gut verdeckt wird. Zum Trocknen die Kreise mit den Wäscheklammern fixieren.

4 Nach dem Trocknen die Schnittkanten der Kreise mit Acrylfarbe bemalen. Abschließend die Farbe gut trocknen lassen.

Hinweis: Korkplatten werden aus kleinen Korkstücken gefertigt. Dabei können leichte Schwankungen in der Festigkeit auftreten. Darum nicht wundern, wenn der eine oder andere Streifen rissig wird, wenn er gebogen wird. Schneiden Sie einfach ein paar Streifen mehr zu.

Beim Flechten wird ein Strang nach dem andern von rechts außen über, unter und über die anderen Stränge nach links gewebt. Achten Sie auf einen gleichmäßigen Rhythmus, damit ein schöner Zopf entsteht.

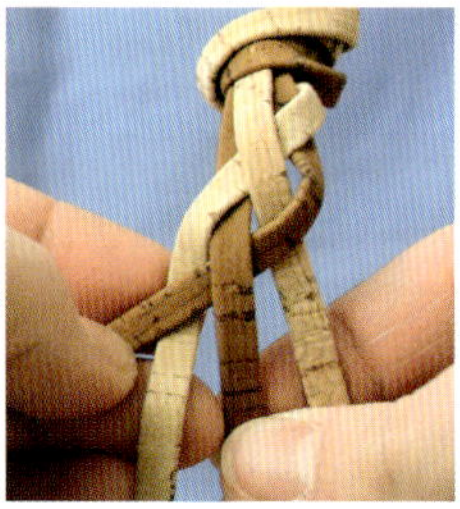

Schicker Begleiter

mit stabilen Trageriemen aus Kork

MOTIVGRÖSSE

Griffe 1,6 cm breit, ca. 35 cm lang
Schiff ca. 15 cm x 8 cm

MATERIAL

- Stofftasche in Flieder, ca. 38 cm x 38 cm
- Korkstoff mit Streifen, 20 cm x 10 cm
- flaches Korkband in 2x Natur und 2x Braun, 5 mm, je 1 m lang
- Vliesofix®, 20 cm x 10 cm
- Bügeleisen
- Stoffschere
- Nadel und Faden
- Nahtauftrenner
- Klebefilm

VORLAGEN

Bogen 1A

1 Für die Griffe die Korkbänder mit einem Knoten sichern und farbig im Wechsel anordnen (siehe oben links). Flechten Sie wie oben beschrieben einen Zopf.

2 Das Ende mit Klebefilm sichern. Am anderen Ende den Knoten lösen, die Enden kürzen und ebenfalls mit Klebefilm sichern.

3 Die Griffe der Stofftasche entfernen. Den Zopf mittig teilen. Die Enden erst mit Klebefilm, dann mit ein paar Stichen sichern. Den Klebefilm entfernen. Die Träger auf der Tasche positionieren und gut festnähen.

4 Das Schiffchen auf die Papierseite des Vliesofix® übertragen und grob ausschneiden. Mit der rauen Seite nach unten auf die Rückseite des Korkstoffs bügeln (mittlere Temperatur). Exakt ausschneiden und das Schutzpapier abziehen.

5 Das Motiv auf der Tasche zusammensetzen und mit einem feuchten Tuch abdecken. Schrittweise mit mittlerer Temperatur 10 Sekunden aufbügeln.

Mein Tipp für Sie

Träger und Motiv annähen Für das Nähen mit der Hand empfehle ich eine feine Nadel mit kleinem Öhr und einen Fingerhut. Wer eine Nähmaschine zur Hand hat, kann die Träger auch mit dieser aufnähen und das Motiv zusätzlich schmalkantig absteppen.

Kostbare Diamanten

veredelt mit glänzendem Gold

MOTIVHÖHE
9 cm und 6,5 cm

MATERIAL
- Korkpapier in Natur, 20,5 cm x 28 cm
- Blattmetallflocken in Gold und Rot
- Anlegemilch
- Cutter mit geeigneter Schneideunterlage
- Metalllineal
- Pinsel
- weiches Tuch
- leergeschriebener Kugelschreiber

VORLAGEN
Bogen 1B

1 Schneiden Sie die Vorlage aus dem Korkpapier aus (siehe Allgemeine Anleitung) und ziehen Sie die gestrichelten Linien mit einem leergeschriebenen Kugelschreiber nach. Das Papier an den Linien falten.

2 An allen Seiten ohne Klebelasche etwa 5 mm breit das Schutzpapier auf der Rückseite entfernen, sodass die Klebefläche freigelegt wird.

3 Den Deckel Seite für Seite auf das Mittelteil kleben und gut andrücken. Die Seite am Mittelteil noch nicht schließen! Anschließend das Unterteil ebenso ankleben. Jetzt erst die Seite schließen. Dazu ggf. einen Zahnstocher zu Hilfe nehmen, um die Klebefläche von innen anzudrücken.

4 Die Spitze mit Anlegemilch bestreichen und mit Blattgold veredeln (siehe TOPP-Tipps). Nach dem Trocknen überschüssiges Blattgold mit dem weichen Tuch entfernen.

Mein Tipp für Sie

Größe variieren Probieren Sie aus, wie fingerfertig Sie sind (verkleinern Sie dafür die Vorlage mit dem Kopierer). Als Miniatur lassen sich die kostbaren Steine z. B. als Anhänger für Ohrstecker oder Ketten verwenden.

Zwei kleine Kork-Häuschen

Wer wohnt denn da?

MOTIVGRÖSSE
großes Haus
5,5 cm x 8,5 cm x 10 cm
kleines Haus
3 cm x 5,5 cm x 10,5 cm

MATERIAL FÜR BEIDE HÄUSER

- Acrylfarbe in Türkis und Mintgrün
- Säge mit feinem Sägeblatt
- Schleifklotz
- Schleifpapier, 100er und 180er Körnung
- Baumwolltuch
- Pinsel
- Klebefilm
- Geodreieck®

GROSSES HAUS

- 3 Kork-Schleifklötze, 3 cm x 5,5 cm x 11 cm
- Express-Holzleim
- Schraubzwinge

KLEINES HAUS

- Kork-Schleifklotz, 3 cm x 5,5 cm x 11 cm

Großes Haus

1 Die drei Schleifklötze übereinander zu einem Block verleimen und mit der Schraubzwinge fixieren. Etwa einen halben Tag trocknen lassen.

2 Markieren Sie die Dachschrägen. Dazu an den Schmalseiten die obere Mitte (Dachspitze) markieren und rechts und links von der oberen Verbindungsnaht der verleimten Klötze eine Linie zur Dachspitze ziehen. Zusätzlich von Dachspitze zu Dachspitze eine Hilfslinie aufzeichnen.

3 Das Dach entlang der Hilfslinie exakt zusägen. Anschließend alle Flächen zuerst mit dem groben, dann mit dem feinen Schleifpapier nacharbeiten, sodass keine Einkerbungen oder Unebenheiten mehr zu sehen sind. Mit dem Tuch den Schleifstaub entfernen.

4 Die Flächen wie abgebildet bemalen. Dazu einzelne Bereiche mit Bleistift und Geodreieck® anzeichnen, mit Klebefilm abtrennen und vorsichtig mit Farbe ausmalen. Trocknen lassen.

Kleines Haus

Von oben 4 cm abmessen und die Dachschrägen anzeichnen. Vorsichtig zusägen und alle Flächen mit Schleifpapier nacharbeiten. Den Schleifstaub entfernen und das Dach bemalen. Dazu die Kanten mit Klebefilm abkleben. Trocknen lassen.

Mein Tipp für Sie

Schleifklötze verleimen Die Korkklötze sind an den Kanten z. T. abgeschrägt. Damit dies nicht stört, leimen Sie die unteren beiden Klötze mit den geraden Kanten aufeinander. Dadurch erhalten Sie eine durchgängige Fläche ohne Einkerbung.

Für Kaffee, Tee und Co.

isolierende Glasmanschette

MOTIVGRÖSSE
ca. ø 5 cm

MATERIAL
- flaches Korkband in Natur und Braun, 3 mm, je 1,5 m lang
- Trinkglas, ø 6,8 cm, 9,5 cm hoch
- UHU Alleskleber extra oder Textilkleber
- Klebefilm
- Cutter oder spitze Schere

1 Mit dem braunen Korkband einen Ring knüpfen (siehe Allgemeine Anleitung, hintere Umschlagklappe). Achten Sie darauf, dass die Schlaufen groß genug sind und mit Luft um das Glas passen. Dann das Arbeitsende ein zweites Mal durch das Muster weben.

2 Den geknüpften Ring um das Glas legen und die Schlaufen nachziehen, sodass der Ring gleichmäßig, aber noch immer sehr locker um das Glas herum liegt. Die Bandenden mit Klebefilm fixieren.

3 Das helle Band halbieren und Schlaufe für Schlaufe parallel zu den dunkelbraunen Bändern einarbeiten, sodass das Muster verdrei- und vervierfacht wird. Jetzt sollte der Ring eng am Glas anliegen. Ansonsten die Schlaufen noch einmal nachziehen.

4 Die Enden so kürzen, dass sie unter einer Schlaufe liegen. Den Ring vorsichtig abnehmen. Die Enden unter der Schlaufe mit Klebstoff fixieren. Zum Trocknen wieder auf das Glas schieben.

Mein Tipp für Sie

Glas reinigen Zum Spülen einfach den Ring vom Glas ziehen. Der Ring kann mit einem feuchten Spültuch abgewischt werden. So bleibt alles schön sauber!

Lieblings
PLATZ
Bühne
VIENA

Aus der Pappe einen 1 cm breiten und 5 cm langen Streifen ausschneiden, der an einer Seite im 60-Grad-Winkel spitz zuläuft. Mithilfe der Schablone die Kanten für den Zuschnitt markieren.

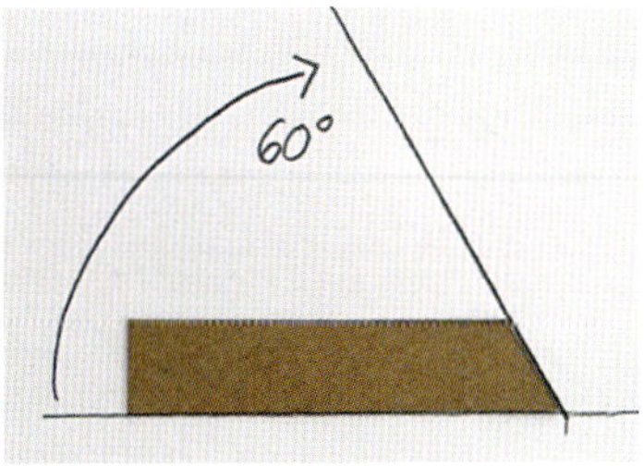

Dekorative Bienenwaben

drei Kästchen, tausend Möglichkeiten

MOTIVGRÖSSE
ø 28,5 cm

MATERIAL
PRO KASTEN

- Korkplatte, 4 mm, 30 cm x 30 cm
- Hartfaserplatte, 3 mm, 30 cm x 30 cm
- Rechteckleiste aus Kiefer, 9 mm x 78 mm x 900 mm
- Acryllack in Hellgrün, Weiß oder Türkis
- Nägel, 1,4 cm lang
- 2 Klappösen, Größe 3
- Säge
- Holzfeile
- Schleifpapier, 180er Körnung, und Schleifklotz
- Hammer
- Pinsel
- Holzleim, z. B. Sofort-Haftgel zum Leimen ohne Zwingen oder Express-Holzleim
- Cutter und geeignete Schneideunterlage
- Metalllineal
- Geodreieck®
- dünne Pappe

VORLAGEN
Bogen 1B

1 Mithilfe der Vorlage das große Sechseck für die Rückwand aus der Hartfaserplatte zusägen. Die Rechteckleiste in sechs 15 cm lange Stücke teilen. Dann aus der Pappe eine Schablone anfertigen (siehe oben).

2 Mithilfe der Schablone den Winkel an einem Ende der Leisten anzeichnen. Auf der gegenüberliegenden Seite ebenfalls übertragen und die Schnittlinie verbinden (siehe oben). Jede Leiste an einem Ende exakt zusägen und mit Holzfeile und Schleifpapier nacharbeiten.

3 Die Leisten und die Kanten der Rückwand jeweils von 1 bis 6 durchnummerieren. Dann die Leisten entsprechend den Zahlen Seite für Seite auf die Rückwand setzen und die exakte Länge markieren. Ebenfalls im 60 Grad-Winkel zusägen.

4 Die Leisten an den Schnittkanten mit Holzleim zusammenfügen. Stellen Sie sie dazu entsprechend der Nummerierung auf die Rückwand, damit Sie die Form kontrollieren können. Gut trocknen lassen.

Weiter geht es auf Seite 28

5 Die verleimten Kanten mit Schleifpapier nacharbeiten, dann den Schleifstaub entfernen und das Holz bemalen. Gut trocknen lassen. Ggf. den Anstrich wiederholen und nochmals trocknen lassen.

6 Das Leisten-Sechseck auf die Korkplatte legen, die Form innen übertragen und ausschneiden. Eine Seite markieren (z. B. die Seite 1), damit der Kork später richtig eingesetzt werden kann.

7 Die Rückseite des Leisten-Sechsecks mit Holzleim bestreichen. Die Rückwand entsprechend den Zahlen 1 bis 6 auflegen und mit Nägeln fixieren. Den Kork innen auf die Rückwand kleben.

8 Zuletzt für die Aufhängung zwei Klappösen an der Rückwand anbringen. Dazu die kleinen Nägel vorsichtig durch die Rückwand in die Kiefernleisten schlagen. Halten Sie dabei mindestens 1 cm Abstand zu den Ecken, damit das Holz nicht reißt.

Meine Tipps für Sie

60-Grad-Winkel arbeiten Wenn das Sägen der Kante zu schwierig erscheint, können Sie den Winkel auch einfach mit der Holzfeile arbeiten. Das dauert gegebenenfalls etwas länger, gelingt aber durchaus leichter.

Kästen bemalen Wenn Sie viel Basteln und Werkeln, haben Sie vielleicht bereits einen schönen Fundus an Acrylfarben zuhause. Sie können diese Farben zum Bemalen der Kästen verwenden. Nach dem Trocknen einfach den Anstrich mit einer Schicht Klarlack versiegeln.

Kästen aufhängen Durch die Klappösen sind die Kästen flexibel und können schnell und unkompliziert neu arrangiert werden. Wenn Sie sie dauerhaft an der Wand anbringen wollen, können Sie mit der Bohrmaschine zwei Löcher von innen durch die Rückwand bohren und die Kästen mit Schrauben und Dübeln an der Wand fixieren. Danach erst den Kork aufkleben.

heimathafen

Hab einen
schönen Tag

Edles Schreibgerät

liegt leicht und schmeichelnd in der Hand

MOTIVLÄNGE
11 cm

MATERIAL
- flaches Korkband in Natur und Braun, 5 mm, je 1 m lang
- Korkpapier mit Streifen, 1 cm x 21 cm
- Kugelschreiber-Mine, 10,5 cm lang
- Express-Holzleim

1 Zuerst die Kugelschreiber-Mine umknüpfen. Markieren Sie dazu die Mitte der beiden Korkbänder und legen Sie sie kreuzförmig übereinander.

2 Die Enden wie in der Anleitung „Ein Korkband knüpfen" (siehe Allgemeine Anleitung, hintere Umschlagklappe) knüpfen. Nach der ersten Runde die Kugelschreiber-Mine mit dem geraden Ende in den Kreuzungspunkt drücken, sodass sie leicht fixiert wird.

3 Weiter wie beschrieben Knüpfen und dabei am Ende jeder Runde die Bänder um die Mine festziehen. Wiederholen, bis die Bandenden aufgebraucht sind.

4 Die Knüpfkordel ggf. etwas dehnen, sodass die Mine vorn noch ca. 2 cm übersteht. Die letzte Knüpfrunde wieder öffnen, die Bänder mit Holzleim bestreichen, wieder schließen und trocknen lassen. Die Enden knapp abschneiden.

5 Den Korkpapierstreifen diagonal durchschneiden und von einer Hälfte die Schutzfolie abziehen. Das dicke Ende an der Mine anlegen und den Streifen fest aufwickeln, sodass der Kegel entsteht.

Mein Tipp für Sie

Muster variieren Teilen Sie die Bänder und ordnen Sie sie zum Knüpfen so an, dass jeweils A und B bzw. C und D die gleiche Farbe haben. Dadurch entsteht ein etwas anderes Muster. Die Enden am Anfang mit Klebefilm fixieren. Nach der Fertigstellung die erste Runde wieder lösen und die Enden mit Holzleim bestreichen. Wieder schließen und ggf. knapp abschneiden.

Geometrischer Lichterschein

schnell und leicht gemacht

MOTIVHÖHE
9 cm

MATERIAL
- Trinkglas mit geraden Wänden, ø 8 cm, 9 cm hoch
- Korkpapier mit Streifen, 20,5 x 28 cm
- großes Teelicht
- Cutter und geeignete Schneideunterlage
- Metalllineal
- Taschenrechner

1 Die Höhe und den Umfang des Glases ausmessen. Die Höhe durch vier teilen und zwei entsprechend breite Streifen aus dem Kork zuschneiden. Die Länge der Streifen entspricht dem Umfang des Glases.

2 Die Streifen in gleich breite Dreiecke unterteilen. Dazu die Länge zunächst durch 16 teilen und die Streifen auf der Rückseite an den beiden Längskanten entsprechend markieren. Die Markierungen von oben nach unten und unten nach oben im Zickzack verbinden, sodass die Dreiecke entstehen.

3 Die Dreiecke ausschneiden und eins nach dem andern auf das Glas kleben. Beginnen Sie dabei unten am Boden und arbeiten Sie dann Reihe für Reihe nach oben. Schon ist das Windlicht fertig!

Mein Tipp für Sie

Glas vorbereiten Reinigen Sie das Glas vor dem Bekleben unbedingt gut mit Spülmittel, damit Fett und andere Rückstände entfernt werden. Sonst kann es sein, dass das Korkpapier an manchen Stellen nicht so gut haftet.

Tischdeko zum Anfassen

Hier darf gespielt werden!

MOTIVGRÖSSE
Sechseck ø 11,5 cm

MATERIAL

- Korkplatte, 3 mm, mindestens 30 cm x 30 cm
- Korkplatte, 4 mm, mindestens 30 cm x 30 cm
- Acrylfarbe in Weiß, Rosa, Lavendel, Mintgrün und Türkis
- Schleifpapier, 180er Körnung, mit Schleifklotz
- 2 Pinsel
- Express-Holzleim
- Cutter und geeignete Schneideunterlage
- Metalllineal
- Klebefilm

VORLAGEN
Bogen 1B

1 Zunächst den Kork vorbereiten. Dazu beide Korkstücke mit Holzleim aufeinander kleben. Mit einem großen Buch oder Ähnlichem beschweren und trocknen lassen.

2 Mithilfe der Vorlage die Form auf den Kork übertragen und mit Cutter und Metalllineal vorsichtig ausschneiden. Sie benötigen mindestens sieben Sechsecke.

3 Arbeiten Sie die Kanten mit Schleifpapier nach. Das gelingt am leichtesten, wenn Sie dazu die Sechsecke aufeinander stapeln und dann den Stapel Seite für Seite bündig ausrichten und schleifen.

4 Die Korkteile bemalen. Dazu wie auf der Vorlage eingezeichnet einzelne Bereiche mit Klebefilm abtrennen und mit Acrylfarbe ausmalen. Ein Bereich bleibt jeweils unbemalt. Trocknen lassen.

5 Die einzelnen Teile nach Lust und Laune auf dem Tisch anordnen. Drei Sechsecke im Kreis geben einen Untersetzer für heiße Sachen. Sieben Sechsecke im Kreis geben eine kleine Tischdecke. Fangen Sie an zu spielen und lassen Sie Ihrer Fantasie freien Lauf!

Mein Tipp für Sie

Platz sparen Platzieren Sie die Sechsecke so auf dem Kork, dass ein Wabenmuster entsteht. So fällt am wenigsten Verschnitt an. Die Größe der Sechsecke ist extra so gewählt, dass acht Stück auf eine Fläche von 30 cm x 30 cm passen.

Der besondere Charme des Schriftzugs liegt in den unterschiedlichen, spannungsreichen Techniken.

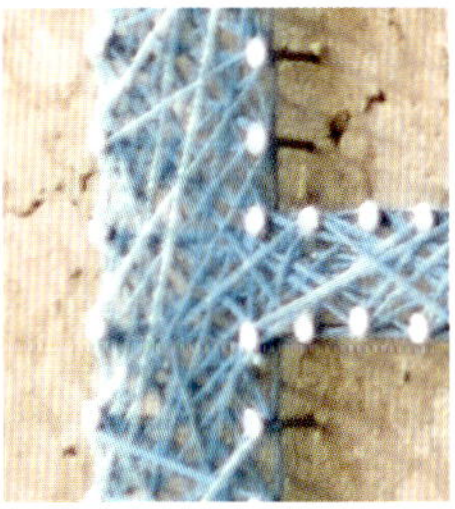

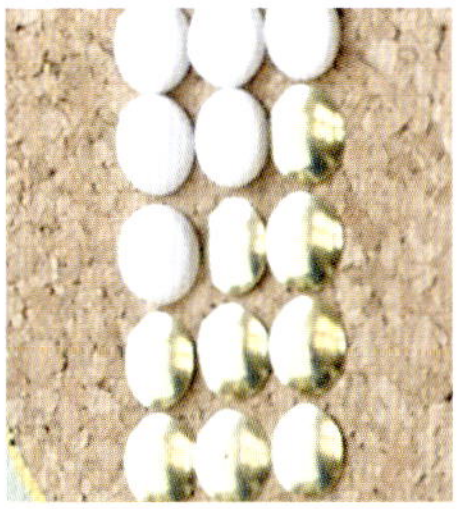

Ein klares Statement

Hier bin ich zuhause!

MOTIVGRÖSSE

ø 25 cm und 19,5 cm

MATERIAL

- 2 Korkuntersetzer, ø 25 cm
- 2 Korkuntersetzer, ø 19,5 cm
- Acrylfarbe in Türkis, Rosa, Lavendel und Mintgrün
- Gelstift in Gold
- Pinsel
- Cutter und geeignete Schneide-unterlage
- Zirkel

ZUSÄTZLICH FÜR H:

- ca. 120 Nägel, 1,2 mm x 20 mm
- Hammer
- Stickgarn in Türkis

ZUSÄTZLICH FÜR O:

- Korkplatte, 4 mm, 15 cm x 15 cm

Buchstabe H

1 Eine Kopie der Vorlage mittig auf der Scheibe fixieren und die Nägel an den Punkten 1 cm tief einschlagen. Dabei darauf achten, dass die Nägel gerade sind.

2 Das Stickgarn anknoten und von Nagel zu Nagel die Kontur arbeiten. Wickeln Sie das Garn immer von außen nach innen einmal um jeden Nagel. Das Fadenende festknoten und knapp abschneiden. Für die Fläche die Fäden kreuz und quer spannen, bis das H gleichmäßig und dicht ist.

3 Mit Acrylfarbe in Türkis einen 1,5 cm breiten Ring am Rand der Korkscheibe aufmalen. Zeichnen Sie dafür mit dem Zirkel die Kontur vor. Nach dem Trocknen am Rand des Rings eine 2 mm breite Linie mit dem Gelstift aufmalen.

Buchstabe O

1 Das O mithilfe der Vorlage aus der Korkplatte ausschneiden. Beginnen Sie am besten innen und schneiden Sie erst danach die äußere Kontur.

2 Die Korkscheibe bis auf einen 1,5 cm breiten Rand bemalen. Die Kontur dafür am besten mit dem Zirkel anzeichnen. Nach dem Trocknen mit dem Gelstift eine 2 mm breite Linie am Rand des rosa Kreises aufmalen. Das O mittig aufkleben.

Weiter geht es auf Seite 38

ZUSÄTZLICH FÜR M:

- 28 Heftzwecken in Weiß, ø 9,5 mm
- 57 Heftzwecken in Gold, ø 9,5 mm

ZUSÄTZLICH FÜR E:

- ca. 10 Flaschenkorken
- scharfes Messern
- Holzleim

VORLAGEN

Bogen 1B

Buchstabe M

1 Mithilfe der Vorlage die Position der Heftzwecken bestimmen und anschließend die Heftzwecken dicht an dicht in den Kork stecken. Zwischendurch immer wieder mit der Vorlage das Muster kontrollieren.

2 Den äußeren Ring (1,5 cm breit) mit Acrylfarbe in Mintgrün ausmalen. Dazu mit dem Zirkel die Kontur anzeichnen. Nach dem Trocknen mit dem Gelstift eine ca. 2 mm breite Linie entlang des Rings aufmalen.

Buchstabe E

1 Mit Acrylfarbe in Lavendel einen Kreis (ø 23 cm) aufmalen. Dazu mit dem Zirkel die Kontur anzeichnen. Trocknen lassen und mit dem Gelstift eine 2 mm breite Linie entlang des Kreises aufmalen.

2 Die Korken in ca. 8 mm starke Scheiben schneiden. Das E auf der Vorlage mit den Scheiben auslegen und prüfen, ob die Anordnung gefällt. Dann die zum E arrangierten Scheiben mittig auf die Korkplatte übertragen und nacheinander mit Holzleim aufkleben.

Mein Tipp für Sie

Techniken variieren Korkscheiben lassen sich mit allen möglichen Techniken gestalten. Ich habe hier meine Favoriten ausgewählt, die mir besonders gut für Kork geeignet scheinen. Haben Sie andere Lieblinge? Sticken oder stempeln Sie gern? Dann gestalten Sie die Buchstaben doch mit diesen Techniken!

Farbenfrohe Vasen

im angesagten Colour-Dipping-Look

MOTIVHÖHE
19,5 cm

MATERIAL
PRO VASE

- Trinkglas mit geraden Wänden, ø 6 cm, 19,5 cm hoch
- Korkstoff, ca. 12 cm x 30 cm
- 2 Kunststoff-Druckknöpfe zum Einstanzen in Grau
- Acrylfarbe in Mintgrün, Rosa und Lavendel
- Cutter und geeignete Schneideunterlage
- Metalllineal
- spitzer, weicher Malpinsel
- Textilkleber

1 Aus dem Stoff einen 10 cm breiten Streifen zuschneiden. Die Länge entspricht dem Umfang des Glases (hier 19 cm) plus 6 cm. Die Schmalseiten 2 cm breit nach innen umschlagen und mit Textilkleber fixieren.

2 Die Manschette bemalen. Dazu rechts und links auf gleicher Höhe den Stoff markieren und zwischen den Markierungen eine Welle einzeichnen. Den unteren Teil mit Acrylfarbe ausmalen. Trocknen lassen.

3 Für den Verschluss auf den eingeschlagenen Enden jeweils 1,5 cm vom oberen bzw. unteren Rand entfernt die Druckknöpfe nach Herstellerangabe anbringen. Darauf achten, dass die Manschette sich gut schließen lässt und eng anliegt. Die Position der Knöpfe dazu vorher unbedingt ausprobieren.

Zarter Blütenreigen

mit kleinen Glitzersteinen

MOTIVGRÖSSE

große Blüten ø 3,8 cm

MATERIAL

- Korkpapierreste in Natur, Streifen und Mosaik
- Motivstanzer: Gänseblümchen, ø 1,6 cm, 2,5 cm und 3,8 cm
- selbstklebende Glitzersteine in Transparent, ø 3 mm
- Acrylfarbe in Weiß
- Blockwallah-Stempel: Ornament, 4 cm x 4 cm
- Stickgarn in Weiß, ca. 1,5 m lang

1 Einen Teil der Korkpapierreste mit Ornamenten bedrucken und die Acrylfarbe gut trocknen lassen. Anschließend ca. 14 große, 16 mittlere und 12 kleine Blüten aus den Papieren ausstanzen.

2 Immer zwei Blüten Rücken an Rücken um das Stickgarn zusammenfügen. Dabei frei zwischen den Größen wechseln und immer wieder bedruckte Blüten einfügen.

3 Einzelne Blüten der fertigen Girlande mit Glitzersteinen verzieren.

Mein Tipp für Sie

Reste verwerten Wenn Sie mit Korkpapier arbeiten, fallen immer wieder kleinere oder größere Schnipsel und Streifen an. Sammeln Sie diese Reste. Sie lassen sich bei Modellen wie diesem wunderbar verwerten!

Alles fest im Blick

Pinnwand im frischen Design

MOTIVGRÖSSE
30 cm x 45 cm

MATERIAL

- Korkplatte, 3 mm, 30 cm x 45 cm
- Sperrholz, 6 mm, 30 cm x 45 cm
- Schmuckkordel in Hellgrau, ø 1 mm, 2,5 m lang
- 5 Nägel, 1,2 x 20 mm
- 5 Mini-Holzklammern
- Acrylfarbe in Rosa
- Pinsel
- Hammer
- Säge
- Schleifpapier, 180er Körnung
- Express-Holzleim
- Cutter und geeignete Schneideunterlage
- Metalllineal
- Klebefilm

1 An der oberen Kante des Sperrholzes die Mitte markieren, dann an den Seitenkanten jeweils 15 cm von oben abmessen und markieren. Die Punkte miteinander verbinden, sodass das Dach entsteht. Zusägen und die Kanten mit Schleifpapier glätten.

2 Den Kork zuschneiden: 28 cm breit, 42 cm hoch. Wie beim Sperrholz beschrieben das Dach arbeiten, dabei jedoch 14 cm an den Seiten abmessen. Den Kork auf das Sperrholz kleben.

3 Mit Lineal und Bleistift die Diagonalen und die Trennlinie zum Dach anzeichnen. Die Flächen nacheinander mit Klebefilm abkleben und ausmalen. Gut trocknen lassen.

4 An allen Ecken des Korkhauses einen Nagel einschlagen. Die Schmuckkordel um die Nägel spannen. Die Enden fest verknoten und knapp abschneiden. Fertig ist das Haus!

Mein Tipp für Sie

Haus aufhängen Das Haus sieht sehr nett aus, wenn es einfach auf einem Regal steht und an die Wand angelehnt wird. Zum Aufhängen rechts und links an der Dachschräge eine Klappöse einschlagen.

Schmachtfetzen
NEUERÖFFNUNG
AM SAMSTAG, DEN
5. JULI 2014
IM HEUSTEIGVIERTEL

TOPP 5340

ISBN 978-3-7724-5340-3

TOPP 5981

ISBN 978-3-7724-5981-8

TOPP 7704

ISBN 978-3-7724-7704-1

TOPP 7696

ISBN 978-3-7724-7696-9

TOPP 4202

ISBN 978-3-7724-4202-5

TOPP 4209

ISBN 978-3-7724-4209-4

TOPP 4155

ISBN 978-3-7724-4155-4

TOPP 8186

ISBN 978-3-7724-8186-4

Ideen für Kreative

Papier und Stoff sind die beliebtesten Materialien, wenn es ums Basteln und Dekorieren geht. In diesen Büchern finden Sie zahlreiche Ideen für kleine Geschenke, Verpackungen, Karten oder Dekorationen, die das Leben einfach schöner machen.

Susanne Pypke arbeitet als freie Lektorin und Kreativ-Autorin im Stuttgarter Westen. Ihre Leidenschaft für das Selbermachen hat sie schon früh entdeckt. Nichts war schöner, als an Regentagen zu basteln, in Mamas Nähkästchen zu kramen oder die Gerätschaften in Papas Werkstatt auszuprobieren. Ihr Können setzt sie bis heute in zahlreichen DIY-Projekten um. Ein kleiner Ausschnitt davon ist auf ihrem Kreativblogg fraeuleinfloh.blogspot.de zu sehen.

DANKE

Ein Autor allein macht noch kein Buch. Darum ein liebes Dankeschön an all die helfenden Hände, die zum Gelingen beigetragen haben. Ganz besonders möchte ich mich bei meiner Familie bedanken, die den braunen Korkstaub an den Schuhen so geduldig ertragen hat, und bei Opa Bruno, der mit mir an der Säge stand. Einen großen Dank außerdem an Rayher Hobby, Laupheim, für die freundliche Unterstützung mit Materialien.

TOPP – Unsere Servicegarantie

WIR SIND FÜR SIE DA! Bei Fragen zu unserem umfangreichen Programm oder Anregungen freuen wir uns über Ihren Anruf oder Ihre Post. Loben Sie uns, aber scheuen Sie sich auch nicht, Ihre Kritik mitzuteilen – sie hilft uns, ständig besser zu werden.

Bei Fragen zu einzelnen Materialien oder Techniken wenden Sie sich bitte an unseren Kreativservice, Frau Erika Noll.
mail@kreativ-service.info
Telefon 0 50 52 / 91 18 58

Das Produktmanagement erreichen Sie unter:
pm@frechverlag.de
oder:
frechverlag
Produktmanagement
Turbinenstraße 7
70499 Stuttgart
Telefon 07 11 / 8 30 86 68

LERNEN SIE UNS BESSER KENNEN! Fragen Sie Ihren Hobbyfach- oder Buchhändler nach unserem kostenlosen Magazin **Meine kreative Welt.** Darin entdecken Sie dreimal im Jahr die neuesten Kreativtrends und interessantesten Buchneuheiten.

Oder besuchen Sie uns im Internet! Unter **www.topp-kreativ.de** können Sie sich über unser umfangreiches Buchprogramm informieren, unsere Autoren kennenlernen sowie aktuelle Highlights und neue Kreativtechniken entdecken, kurz – die ganze Welt der Kreativität.

Kreativ immer up to date sind Sie mit unserem monatlichen **Newsletter** mit den aktuellsten News aus dem frechverlag, Gratis-Bastelanleitungen und attraktiven Gewinnspielen.

IMPRESSUM

FOTOS: frechverlag GmbH, 70499 Stuttgart; lichtpunkt, Michael Ruder, Stuttgart
PRODUKTMANAGEMENT UND LEKTORAT: Anja Detzel
GESTALTUNG: Atelier Schwab, Haselund
Druck: Livonia Print SIA, Lettland

1. Auflage 2016

ISBN 978-3-7724-4242-1 • Best.-Nr. 4242